Darbadar

दरबदर

Shikha Singh

BookLeaf
Publishing

India | USA | UK

Dedication

To the younger me — the one who turned everything into art — you were magic even when you didn't know it.

Preface

This book is a collection of moments—fragments of a heart that once ached, feared, and hoped. It began at a time when I was lost in emotions for someone I had never even met, yet their absence shattered me in ways I couldn't understand. The pain was overwhelming, and poetry became my refuge. Every word I wrote was a cry, a confession, an attempt to make sense of the loneliness that consumed me.

For a long time, I closed myself off, too afraid to trust, too weary to believe in love again. And then, someone walked into my life. He didn't rush me or demand my trust—he simply stayed, patiently, consistently, until I felt safe enough to open up. Slowly, my poetry changed. The sorrow gave way to cautious hope, to tentative steps toward healing.

Then one day, I realized I didn't need poetry to survive anymore. He became the safe space I had always searched for.

This book reveals a part of that journey. It holds the echoes of a heart once in pieces and the quiet proof that love—true, steady, patient love—can put them back together.

I hope that in these pages, you find something that speaks to you, whether in heartbreak, healing, or hope.

Acknowledgements

To my man, thank you for gently (and not-so-gently) pushing me to do this. For reminding me, over and over, that my words were worth something, even when they were messy, unfinished, or aching. You've always known how to hold space for me: for my silence, for my storms, for my softness.

This book wouldn't exist without your quiet faith in me... but then again, so much of me wouldn't exist without you. I love you Aman <3

To my family - Mohini Didi, Prince Bhaiya, Neha Didi, Kisu, and Maa - thank you for allowing me to be unapologetically myself. Your acceptance and love have been a constant source of comfort and encouragement.

And to **Maya Angelou** - thank you for showing me that poetry doesn't need to be dressed in complexity to be meaningful. You taught me that simple words, when they come from the heart, can say everything that needs to be said.

Note on the format

This book holds poems written straight from the heart—
first in **Hinglish**, just as they flowed, and then in
Devanagari, to honor the language they truly belong to.

Each poem appears in both forms, one after the other.

Together, they capture not just the words,
but the way they were felt.

Index

1. Darbadar

Afsos
Us baat ka...
Uske saath ka...

Kuch khone ka ye asar hai,
ki dil ye bekhabar hai;
Khwaabo se baahar aa na jaaye hum,
nind khulne ka ab toh darr hai.

Khwaabo mein ab bhi teri nazrey utaartey hai,
bhul kar sab, befikar hai;
Ashko ko chhupa kar hasney ki koshish kar rahe,
baahon mein aaney ki chahat is kadar hai.

Aa kar thaam lo lakeero ko,
kehna chahte hai tumhe;
Lafz hontho ke paar jaane ko tarastey hai,
nahi ijazat inhey magar hai.

Dararein dilon ki badhney lagi hai,
khushi honi thi, dur bhi agar hai;
Ikkatthe rakhney the tukde hamey sabhi,
afsos darbadar hai...

१. दरबदर

अफ़सोस
उस बात का...
उसके साथ का...

कुछ होने का ये असर है,
की दिल ये बेखबर है;
ख्वाबो के बाहर आ न जाये हम,
नींद खुलने का अब तो डर है।

ख्वाबो में अब भी तेरी नज़रे उतारते है,
भूल कर सब, बेफिकर है;
अश्को को छुपा कर हसने की कोशिश कर रहे,
बाहों में आने की चाहत इस कदर है।

आ कर थाम लो लकीरों को,
कहना चाहते है तुम्हे;
लफ्ज़ होठो के पार जाने को तरसते है,
नहीं इजाज़त इन्हे मगर है।

दरारें दिलों की बढ़ने लगी है,
ख़ुशी होनी थी, दूर भी अगर है;
इकट्ठे रखने थे टुकड़े हमे सभी,
अफ़सोस दरबदर है...

2. Tere liye

Teri khushi ke liye bhulney ki soch saktey hai tujhe,
toh jaan dene mein kya hai?
Usey hi toh bhulney ki koshish kar rahe...

Waqt lagega tuney kaha hai,
usi ki kami hai, tujhe kya pata hai.
Akele yaha hai, akela jahan hai,
royi hai khushiyan aur soyi hai duniya;

Duniya jiski hai tujhko fikar,
duniya, jisey pyaar ki na khabar,
Mila kya hai issey hamey?
Roye hai bas is qadar.

Kho kar tu mil jaaye agar,
toh khud ko bhula dunga main;
Is dil ne tujhe kho diya,
jeena adhura lagta hai ab ye.

Dartey hai ab kadam bhi badhaney se,
itna dard hai is zamaney mein;
Shikwa gila kya hai karna,
galti nahi ki dil laga ke.

Jitna dard hai andar mere,
khushi usse zyada dene ki jurrat ki;
Par tuney samjha diya,
fizul hi ye koshish ki.

Juda kar diya yu mujhko,
par yaad rakhna ye;
Hamesha yahi tha,
hamesha yahi hu,
rahunga yahi mein,
tere liye...

२. तेरे लिये

तेरी ख़ुशी के लिये भूलने की सोच सकते है तुझे,
तो जान देनें में क्या है?
उसे ही तो भूलने की कोशिश कर रहे...

वक़्त लगेगा तूने कहा है,
उसी की कमी है, तुझे क्या पता है।
अकेले यहाँ है, अकेला जहाँ है,
रोई है खुशिया और सोई है दुनिया;

दुनिया जिसकी है तुझको फ़िकर,
दुनिया, जिसे प्यार की ना खबर,
मिला क्या है इससे हमे?
रोये है बस इस कदर।

खो कर तू मिल जाए अगर,
तो खुद को भुला दूंगा मैं;
इस दिल ने तुझे खो दिया,
जीना अधुरा लगता है अब ये।

डरते है अब कदम भी बढ़ाने से,
इतना दर्द है इस ज़माने में;
शिकवा गिला क्या है करना,
गलती नहीं की दिल लगा के।

जितना दर्द है अंदर मेरे,
ख़ुशी उससे ज्यादा देने की जुर्रत की;
पर तूने समझा दिया,
फ़िज़ूल ही ये कोशिश की।

जुदा कर दिया यु मुझको,
पर याद रखना ये;
हमेशा यही था,
हमेशा यही हु,
रहूँगा यही मैं,
तेरे लिये...

3. Hum nahi miley

Hamesha kehte the milenge,
ab bhul jaaye kisi tarah,
isi koshish mein lagey hai;
Ab lagta hai,
achcha hua hum nahi miley...

Dil dukhta hai ye soch kar,
ki tumne bhulne ko kaha,
jisney waada liya tha,
kabhi saath na chhodney ka;
Un roti hui aankhon ki,
ek jhalak bhi dikh jaati toh,
aaj bina unke rehna,
kitna mushkil hota

Isliye, ab lagta hai,
achcha hua hum nahi miley...

Woh sapne jinko dekh kar,
aage ki duniya basayi thi,
apne ghar ke farsh par,
saath jo rangoli banayi thi;
Mil kar unko bunaney ki khwahish,
agar, poori ho gayi hoti,

toh abhi un bin jeena,
mumkin na hota

Isliye, ab lagta hai,
achcha hua hum nahi miley...

Us din jab tum,
chand kadmo ki doori par thhey,
aur ek jhalak dekhne ke liye,
hum bheed ko kos rahey thhey;
Agar tab tum hamey,
galey se laga lete,
toh aaj yu akele rehne ki,
himmat na hoti

Isliye, ab lagta hai,
achcha hua tum nahi dikhey,
achcha hua hum nahi miley...

Tumhari tasveer dekh kar,
jab aankhon se jyada
mann rota hai;
Agar saath baith,
haatho ko haath mein le kar,
baatein ki hoti,
toh haath chhut-te hi,
saansey bhi chhut jaati

Isliye,
ab lagta hai,
achcha hua hum nahi miley...

३. हम नहीं मिले

हमेशा कहते थे मिलेंगे,
अब भूल जाए किसी तरह,
इसी कोशिश में लगे है;
अब लगता है,
अच्छा हुआ हम नहीं मिले...

दिल दुखता है ये सोच कर,
की तुमने भूलने को कहा,
जिसने वादा लिया था,
कभी साथ ना छोड़ने का;
उन रोती हुयी आखों की,
एक झलक भी दिख जाती तो,
आज बिना उनके रहना,
कितना मुश्किल होता

इसलिए, अब लगता है,
अच्छा हुआ हम नहीं मिले...

वो सपने जिनको देख कर,
आगे की दुनिया बसाई थी,
अपने घर के फर्श पर,
साथ जो रंगोली बनाई थी;
मिल कर उनको बुनने की ख्वाहिश,
अगर, पूरी हो गई होतीं,

तो अभी उन बिन जीना,
मुमकिन ना होता

इसलिए, अब लगता है,
अच्छा हुआ हम नहीं मिले...

उस दिन जब तुम,
चंद कदमो की दूरी पर थे,
और एक झलक देखने क लिए,
हम भीड़ को कोस रहे थे;
अगर तब तुम हमे,
गले से लगा लेते,
तो आज यु अकेले रेहने की,
हिम्मत ना होती

इसलिए, अब लगता है,
अच्छा हुआ तुम नहीं दिखे,
अच्छा हुआ हम नहीं मिले...

तुम्हारी तसवीर देख कर,
जब आखों से ज्यादा,
मन रोता है;
अगर साथ बैठ,
हाथो को हाथ में ले कर,
बातें की होती,
तो हाथ छूटते ही,
सासें भी छुट जाती

इसलिए,
अब लगता है,
अच्छा हुआ हम नहीं मिले...

4. Woh aankhein

Un aankhon se nazrey hatana,
sabse badi saza hai,
us chehre ka chehra banana,
usey dekhne ka alag hi maza hai.

Ishaaro se paas bulana,
aur mera mana kar jaana;
Tumhara muh phoola kar baith jaana,
mera paas ja kar manana;
Tum turant maan jao,
aur phir mera bhaav khaana.

Zindagi meri yahi thi,
dur they phir bhi khushi thi;
De diya tha sab kuch tumhey,
ye saara waqt, woh pyaarey lamhey.

Har baat mainey jaani teri,
na hotey hue bhi, galti maani meri;
Kyuki saath zindagi bitaani thi,
likhni apni kahaani thi.

Adhuri hi sahi, banaani thi...

Hamesha khush hi dekhna tha,
toh sach puchney ki zarurat kya thi;
Hastey hue hum, sachchai na thi,
aur jhuth bolna hamari fitrat nahi...

४. वो आखें

उन आखोँ से नज़रे हटाना,
सबसे बड़ी सज़ा है,
उस चेहरे का चेहरे बनाना,
उसे देखने का अलग ही मज़ा है।

इशारों से पास बुलाना,
और मेरा मना कर जाना;
तुम्हारा मुह फुला कर बैठ जाना,
मेरा पास जा कर मनाना;
तुम तुरंत मान जाओ,
और फिर मेरा भाव खाना।

ज़िन्दगी मेरी यही थी,
दूर थे फिर भी ख़ुशी थीं;
दे दिया था सब कुछ तुम्हे,
ये सारा वक़्त, वो प्यारे लम्हे।

हर बात मैंने जानी तेरी,
ना होते हुए भी, गलती मानी मेरी;
क्योकि साथ ज़िन्दगी बितानी थी,
लिखनी अपनी कहानी थी।

अधूरी ही सही, बनानी थी...

हमेशा खुश ही देखना था,
तो सच पूछने की ज़रूरत क्या थी;
हस्ते हुए हम, सच्चाई ना थी,
और झूठ बोलना मेरी फितरत नहीं...

5. Kaha kho gaye

Kaha kho gaye,
itna sa khwab tha,
do pal zindagi thi,
aur tumhara saath tha.

Waada na nibhana tha,
toh kuch keh ke toh jaana tha;
Nahi miley they toh kya,
ek bar bata ke toh jaana tha.

Koshish ki dhundhne ki,
toh khud hi kho gaye;
Milna tha tumse,
raastey bhi ro gaye.

Kisise kuch keh bhi nahi saktey,
aur tanha akele reh bhi nahi saktey.
Tum the toh zindagi mein rang the,
baaki rishtey bhi sang the.

Mera toh koi fasana na tha,
mujhe toh kahi jaana na tha;
Kyu yakeen dilaya saath rahenge sada,
jab ek pal saath nibhana na tha.

Tumharey waadey ke liye kasam se,
khatm kar dete ye zindagi,
bas bata dete ki ab aana na tha.

५. कहा खो गए

कहा खो गए,
इतना सा ख़्वाब था,
दो पल ज़िन्दगी थी,
और तुम्हारा साथ था।

वादा ना निभाना था,
तो कुछ केह के तो जाना था;
नहीं मिले थे तो क्या,
एक बार बता के तो जाना था।

कोशिश की ढूंढने कि,
तो खुद ही खो गए;
मिलना था तुमसे,
रास्ते भी रो गए।

किसीसे कुछ केह भी नहीं सकते,
और तन्हा अकेले रह भी नहीं सकते।
तुम थे तो ज़िन्दगी में रंग थे,
बाँकी रिश्ते भी संग थे।

मेरा तो कोई फ़साना ना था,
मुझे तो कही जाना ना था;
क्यों यकीन दिलाया साथ रहेंगे सदा,
जब एक पल साथ निभाना ना था।

तुम्हारे वादे के लिए कसम से,
खत्म कर देते ये ज़िन्दगी,
बस बता देते की अब आना ना था।

6. Adhurey

Dor kya koi khichegi,
hum khud chal ke aaye tere paas;
Pyaar hai ye sirf bataya tha,
na ki fariyaad, na thi koi aas.

Kadra ki khoj mein nikle the,
socha tumse khatam huyi ye talash.

Dil bhi ek anmol cheez hai,
tumharey honey se hua tha ehsaas;
Tumse din shuru hota tha
khatam bhi tumse ho aisi thi -

Adhurey is kadar hai ab
ki likhne par khayal bhi adhurey reh jaatey hai...

६. अधूरे

डोर क्या कोई खीचेगी,
हम खुद चल के आये तेरे पास;
प्यार है ये सिर्फ बताया था,
ना की फ़रियाद, ना थी कोई आस।

क़द्र की खोज में निकले थे,
सोचा तुमसे ख़तम हुई ये तलाश।

दिल भी एक अनमोल चीज़ हैं,
तुम्हारे होने से हुआ था एहसास;
तुमसे दिन शुरू होता था
ख़तम भी तुमसे हो ऐसी थी -

अधूरे इस कदर है अब
की लिखने पर ख़याल भी अधूरे रह जाते है...

7. Darr lagta hai

Tere pass honey ka,
tere door jaaney ka,
darr lagta hai...

Kho jayenge hum un raahon mein,
saath chalney ka jinme waada tha;
Us galiyaarey se,
darr lagta hai.

Us baag ki gili mitti ko bhi aas thi,
hamarey aaney ki,
waha baith, god mein sar rakh,
so jaaney ki;
Haath chhoota toh,
kabhi wapas na jud payenge,
ye soch kar,
darr lagta hai.

Baalo par haath pher kar,
jab hum muskuraatey thhey,
aur un chanchal aankhon sey,
tum kuch keh jaatey thhey;
Woh palkey jhhapakti,
wapas na dikhengi;

Ab aainey se,
darr lagta hai.

Woh pal,
jab hontho ko chumney ki baat kar,
aankho ko band karwaatey thhey,
aur sar ko choom kar,
humko khushi se rulaatey thhey;
Un yaadon se,
darr lagta hai.

Jab har baat par,
tumhari yaad aayegi,
aur ye hoga, kyuki tum na honge;
Darr lagta hai,
is tarah jiyenge kabhi;
Ab jeeney se,
darr lagta hai.

७. डर लगता है

तेरे पास होने का,
तेरे दूर जाने का,
डर लगता है...

खो जायेंगे हम उन राहो में,
साथ चलने का जिसमे वादा था;
उस गलियारे से,
डर लगता है।

उस बाग़ की गीली मिट्टी को भी आस थी,
हमारी आने की,
वहा बैठ, गोद में सर रख,
सो जाने की;
हाथ छूटा तो,
कभी वापस न जुड़ पायेगे;
ये सोच कर,
डर लगता है।

बालों पर हाथ फेर कर,
जब हम मुस्कुराते थे,
और उन चंचल आखों से,
तुम कुछ केह जाते थे;
वो पलके झपकती,
वापस ना दिखेंगी;

अब आइने से,
डर लगता है।

वो पल,
जब होठो को चूमने की बात कर,
आखो को बंद करवाते थे,
और सर को चूम कर,
हमको ख़ुशी से रुलाते थे;
उन यादों से,
डर लगता है।

जब हर बात पर,
तुम्हारी याद आयेगी,
और ये होगा, क्योकि तुम ना होगे;
डर लगता है,
इस तरह जियेंगे कभी;
अब जीने से,
डर लगता है।

8. Maujoodgi

29

Har pal is qadar tumhari yaad aati hai,
ki bas tumhari tasveerey dekh din guzartey hai;

Aansuwo ki aadat ho gayi hai aankho ko,
ab toh ye bin wajah barastey hai;

Log yaha aasmaan ki bulandiyo ko chhu rahe,
aur hum tanha tumhari maujoodgi ko tarastey hai...

८. मौजूदगी

हर पल इस कदर तुम्हारी याद आती हैं,
की बस तुम्हारी तस्वीरे देख दिन गुज़रते हैं;

आंसुओ की आदत हो गयी हैं आँखों को,
अब तोह ये भी बिन वजह बरसते है;

लोग यहाँ आसमाँ की बुलंदियों को छु रहे,
और हम तनहा तुम्हारी मौजूदगी को तरसते हैं...

9. Zaroori tha

Bichhadney ke baad jaana kya hai pyaar,
toh mil ke bicchadna zaroori tha.
Khushi ke ehsaas ke liye,
dard hona zaroori tha.

Paas honey ki ehmiyat jaananey ke liye,
dur hona zaroori tha.
Dilo ke judney ke liye,
dil tootna zaroori tha.

Poori honey ki khwahish ke liye,
adhurapan zaroori tha.
Baatein shuru karne ke liye,
chup rehna zaroori tha.
Haath pakadney ki chahat ke liye,
saath chhutna zaroori tha.

Raahon mein saath chalney ke liye,
rukna zaroori tha.
Un do-raaho mein ek raah,
chunna zaroori tha.
Nazro mein tumhe basaaney ke liye,
aankhon ka dhulna zaroori tha.

Roshni ki kadar jananey ke liye,
andhera hona zaroori tha.
ye zindagi jeeney ke liye,
ek bar dil ka marna zaroori tha.

Pata nahi duniya ki zaroorat ka par,
mere liye tumhara hona zaroori tha.

९. ज़रूरी था

बिछड़ने के बाद जाना क्या है प्यार,
तो मिल के बिछड़ना ज़रूरी था
ख़ुशी के एहसास के लिए,
दर्द होना ज़रूरी था

पास होने की एहमियत जानने के लिए,
दूर होना ज़रूरी था
दिलो के जुड़ने के लिए,
दिल टूटना ज़रूरी था

पूरी होने की ख्वाहिश के लिए,
अधूरापन ज़रूरी था
बातें शुरू करने के लिए,
चुप रेहना ज़रूरी था
हाथ पकड़ने की चाहत के लिए,
साथ छूटना ज़रूरी था

राहों में साथ चलने के लिए,
रुकना ज़रूरी था
उन दोराहों में एक राह,
चुनना ज़रूरी था
नज़रो में तुम्हे बसाने के लिए,
आँखो का धुलना ज़रूरी था

रौशनी की कदर जानने के लिए,
अंधेरा होना ज़रूरी था
ये ज़िन्दगी जीने के लिए,
एक बार दिल का मरना ज़रूरी था

पता नहीं दुनिया की ज़रूरत का पर,
मेरे लिए तुम्हारा होना ज़रूरी था

10. Kalam

Pyaar tumse hua tha,
aur saathi ye kalam ban gayi hai.

Kisko sunaye ye daastaan,
ye ehsaas to ab sanam ban gayi hai.

Bolna acha nahi lagta ab,
likhna ek dawa ban gayi hai.

Tumhe bhulne ki koshish mein,
jeena ek saza ban gayi hai.

१०. कलम

प्यार तुमसे हुआ था,
और साथी ये कलम बन गई है।

किसको सुनाये ये दास्ताँ,
ये एहसास तो अब सनम बन गई है।

बोलना अच्छा नहीं लगता अब,
लिखना एक दवा बन गई है।

तुम्हे भूलने की कोशिश में,
जीना एक सज़ा बन गई है।

11. Aadat

Andhere ki aadat jo hai hamey,
roshni se darr lagta hai;
dil ke tukde itne hai ki ab,
dil tootne se bhala kaun darta hai.

Jaagney ki hidayat hai hamey,
kyuki sapno se darr lagta hai;
Khwaishey hi itni si thi apni,
ab adhureypan se bhala kaun darta hai.

Matlabi duniya ko aadat bana liya,
pyaar hone se ab darr lagta hai;
Faasla itna hai har kisi se,
nafrat se bhala kaun darta hai.

dooriyon ki jo shahadat hui hai,
paas kisikey ab darr lagta hai;
Kisiney bhi saath na nibhaya,
haath chhootne se bhala kaun darta hai...

११. आदत

अँधेरे की आदत जो है हमे,
रौशनी से डर लगता है;
दिल के टुकड़े इतने है की अब,
दिल टूटने से भला कौन डरता है।

जागने की हिदायद है हमे,
क्योकि सपनो से डर लगता है;
ख्वाइशे ही इतनी सी थी अपनी,
अब अधूरेपन से भला कौन डरता है।

मतलबी दुनिया को आदत बना लिया,
प्यार होने से अब डर लगता है;
फासला इतना है हर किसी से,
नफरत से भला कौन डरता है।

दूरियों की शहादत हुई है,
पास किसीके अब डर लगता है;
किसीने भी साथ ना निभाया,
हाथ छूटने से भला कौन डरता है...

12. Basta nahi hai

Zindagi se yu chura liya hai zindagi ko,
aankhein bhar aati hai jab bhi yaad aati hai;
Neendo ko kho kar ye jahaan paa liya hai,
sapno mein bhi kuch galiyaan tumharey paas jaati hai.

Dur bohot hai tumsey,
kaash ye doori na hoti;
Hum tumse tum humse,
kaash ye khwahish adhoori na hoti.

Galti toh hamari kuch na thi,
bewajah ki ye saza mili hai;
Laakh koshish karey bhulney ki,
tumhe bhulney ki koi wajah nahi hai;

Dil toh hai dil ki hi jagah par,
bas ab usmey koi basta nahi hai.

१२. बसता नहीं हैं

ज़िंदगी से यू चुरा लिया हैं ज़िंदगी को,
आँखें भर आती हैं जब भी याद आती हैं;
नींदों को खो कर ये जहान पा लिया हैं,
सपनों मे भी कुछ गलियाँ तुम्हारे पास जाती हैं।

दूर बहुत हैं तुमसे,
काश ये दूरी ना होती;
हम तुमसे तुम हमसे,
काश ये ख़्वाहिश अधूरी ना होती।

ग़लती तो हमारी कुछ ना थी,
बेवजह की ये सज़ा मिली हैं;
लाख कोशिश करे भूलने की,
तुम्हें भूलने की कोई वजह नहीं हैं;

दिल तो हैं दिल की ही जगह पर,
बस अब उसमे कोई बसता नहीं हैं।

13. Janamdin

Kya saath rahenge aaj?
Chota sa sawaal hai;
Tum nahi hogey yaha,
napasand ye jawaab hai.

Jitni shiddat se tumharey liye
aadatein badalney ki koshish ki hai,
kuch aur karte is qadar
toh duniya badal di hoti.

Par kuch aur sochna tumhare siwa pasand nahi,
tumhe usi duniya se matlab hai ab, humse nahi!

Humne jo kiya, socha nahi,
tum jo karte ho, baar baar sochte ho;
Hamey isliye yaad hamesha aayi hai,
aur tum yaad na karne ko bolte ho.

Acha hai ye faasla hai,
ab kabhi pata nahi chalega tumhe
ki kya hai mera haal;
Tumhare paas waqt ki kami hogi,
aur mera janamdin usi tarah guzrega
jaise the pichle kayi saal...

१३. जन्मदिन

क्या रहेंगे साथ आज?
छोटा सा सवाल हैं;
तुम नहीं होंगे यहाँ,
नापसंद ये जवाब हैं।

जितनी शिद्दत से तुम्हारे लिए
आदतें बदलने की कोशिश की हैं,
कुछ और करते इस कदर
तोह दुनिया बदल दी होती।

पर कुछ और सोचना तुम्हारे सिवा पसंद नहीं,
तुम्हे उसी दुनिया से मतलब है अब, हमसे नहीं।

हमने जो किया सोचा नहीं,
तुम जो करते हो, बार बार सोचते हो;
हमें इसलिए याद हमेशा आई है,
और तुम याद ना करने को बोलते हो।

अच्छा है ये फासला है,
अब कभी पता नहीं चलेगा तुम्हे
की क्या है मेरा हाल;
तुम्हारे पास वक़्त की कमी होगी,
और मेरा जन्मदिन उसी तरह गुज़रेगा
जैसे थे पिछले कई साल...

14. Koi na hoga

Ab bhi waqt hai,
mann thoda hi saqt hai;
Kami humme kya hogi,
khaali toh aapka takht hai.

Dukh aapko na ho,
toh gam hamey kis baat ka hoga?
Hamarey pass toh hum hi thhey,
aapka koi khaas aapke pass na hoga.

Aage chal diye toh,
log bohot milenge;
Saath chalne ke liye koi mila,
toh woh sachmuch khushkismat hoga.

Kyu aapke saath koi rahega sochiyega,
hum nahi kyuki aap na thhey;
Sabhi ko matlab se matlab hai,
apna yaha shayad hi koi hoga.

Bhool gaye aap hamey aasaani se,
yaad toh zaroor aayenge hum;
Par jab aap wapas aayenge,
shayad aashiyaane mein koi na hoga.

१४. कोई ना होगा

अब भी वक़्त है,
मन थोड़ा ही सख्त है;
कमी हममे क्या होगी,
खाली तो आपका तख़्त है।

दुःख आपको न हो,
तो गम हमे किस बात का होगा?
हमारे पास तो बस हम ही थे,
आपका कोई ख़ास आपके पास ना होगा।

आगे चल दिये तो,
लोग बहुत मिलेंगे;
साथ चलने के लिए कोई मिला,
तो वह सचमुच खुशकिस्मत होगा।

क्यों आपके साथ कोई रहेगा सोचियेगा,
हम नहीं क्योकि आप ना थे;
सभी को मतलब से मतलब है,
अपना यहाँ शायद ही कोई होगा।

भूल गए आप हमे आसानी से,
याद तो ज़रूर आएंगे हम;
पर जब आप वापस आएंगे,
शायद आशियाने में कोई ना होगा।

15. Kahaani

Agar likhne ke liye sirf khoon ka isteymaal hota,
toh mera har katra hamari kahaani kehta.

Kehne ko toh har rang hi pyaar hai,
par apni kahaani kehne ko sirf ye laal rang hi taiyaar hai.

Kashmakash mein hai khayalo ki ye dor,
kaise paar karey ye beech mein jo diwaar hai?

Zindagi ya likhna!
Kya chuney is asmanjas mein hai,
bas tumharey jawab par khatam har sawaal hai...

१५. कहानी

अगर लिखने की लिए सिर्फ खून का इस्तेमाल होता,
तोग मेरा हर कतरा हमारी कहानी कहता।

कहने को तो हर रंग ही प्यार है,
पर अपनी कहानी कहने को सिर्फ ये लाल रंग ही तैयार हैं।

कश्मकश में है खयालो की ये डोर,
कैसे पार करे ये बीच में जो दीवार हैं?

ज़िन्दगी या लिखना!
क्या चुने इस असमंजस में है,
बस तुम्हारे जवाब पर खतम हर सवाल हैं...

16. Kaash

Kaash is zindagi mein kuch aisa miley,
ki zindagi haseen lagey;
Kaash is pal mein woh maqsad miley,
ki zindagi ko matlab miley.

Kaash us waqt ko yaad kar ke
rona na aata,
jab hum dil khol kar hasey thhey;
Kaash lamho ko kaid kar muskura paatey,
jinka saath chahtey, woh kabhi na jaatey.

Kaash samay ka pahiya hum ghuma paatey,
wapas apne bachpan ko bulatey;
Kaash apne tarikey se har cheez saja paatey,
aur apni sundar si duniya banatey.

Par socho to rukney se kuch nahi hota,
kyuki ugta suraj kabhi nahi sota;
Waqt beet-ta chala jaata hai,
wapas laut kar nahi aata hai.

Toh ek kaam kartey hai!

Soch ke daayrey mein sabhi ko le aatey hai,

jinki kami hai ya yaad aatey hai;
Beet gaye woh lamhe toh kya hua,
ab kuch nayi yaadein banatey hai.

Sab kuch bhula kar,
sirf khushiya luta kar,
kuch din bitatey hai.

Khud ba khud ye ehsaas hoga,
waqt aapke pass hoga,
muskurahatey aap dekh payenge,
haseen lamhe samaet payenge.

Aur kahenge...

Kaash waqt isi tarah beetey,
toh zindagi ji lenge hum;
Kaash yahi waqt raha toh,
phir se milenge hum.

१६. काश

काश इस ज़िंदगी मे कुछ ऐसा मिले,
की ज़िंदगी हसीन लगे;
काश इस पल में वो मकसद मिले,
की ज़िंदगी को मतलब मिले।

काश उस वक़्त को याद कर के
रोना ना आता,
जब हम दिल खोल कर हसे थे;
काश लम्हों को कैद कर मुस्कुरा पाते,
जिनका साथ चाहते, वो कभी ना जाते।

काश समय का पहिया हम घुमा पाते,
वापस अपने बचपन को बुलाते;
काश अपने तरीके से हर चीज़ सजा पाते,
और एक सुन्दर सी दुनिया बनाते।

पर सोचो तो रुकने से कुछ नहीं होता,
क्योकि उगता सूरज कभी नहीं सोता;
वक़्त बीतता चला जाता है,
वापस लौट कर नहीं आता है।

तो एक काम करते है!

सोच के दायरे में सभी को ले आते है,

जिनकी कमी है या याद आते है;
बीत गए वो लम्हे तो क्या हुआ,
अब कुछ नयी यादें बनाते है।

सब कुछ भुला कर,
सिर्फ खुशिया लुटा कर,
कुछ दिन बिताते है।

खुद बा खुद ये एहसास होगा,
वक़्त आपके पास होगा,
मुस्कुराहटे आप देख पायेंगे,
हसीन लम्हे समेट पायेंगे।

और कहेंगे...

काश वक़्त इसी तरह बीते,
तो ज़िंदगी जि लेंगे हम;
काश यही वक़्त रहा तो,
फिर से मिलेंगे हम।।

17. Shayad

Din toh beet rahey hai yuhi,
Kaash koi jeena fir se sikha de toh
kya pata is dil ko pyaar phir se ho...

Kaash kabhi iski daraarey bhar sakey,
Is dil ko judne ka intezaar phir se ho,
Kaash koi koshish karey zara si,
Is dil ko kisipe aitbaar phir se ho.

Kaash par jo ye zindagi thami thi,
ab shayad ke dam pe chali hai,
in shabdo se meri rooh ko,
yu mohabbat si ab hui hai.

Shayad har cheez ke piche ek kaaran hota hai,
shayad kisi matlab se hi tum mile the,
shayad jaldbaazi ki maine faisla karne mein,
ki tum nahi toh kuch nahi hai;
shayad jo phasa hua hai hamarey beech,
asal mein kuch bhi nahi hai.

Kyuki tumhare diye hue daraaro mein se,
yuhi in dino ek ujala sa dikhta hai,
andhere ki pehchan kaafi hai ab,

toh shayad ye bharam bhi nahi hai.

Shayad waqt ne mere ghaav bhar diye,
ya is rookhe se mann ko jyada kuch nahi chahiye;
Shayad ye meri kaash ki haqiqat hai,
ya bas ghaav khuredne waqt wapas aaya hai.

१७. शायद

दिन तो बीत रहे है युही,
काश कोई जीना फिर से सीखा दे तो
क्या पता इस दिल को प्यार फिर से हो...

काश कभी इसकी दरारे भर सके,
इस दिल को जुड़ने का इंतज़ार फिर से हो,
काश कोई कोशिश करे ज़रा सी,
इस दिल को किसिपे ऐतबार फिर से हो।

काश पर जो ये ज़िन्दगी थमी थी,
अब शायद के दम पर चली हैं,
इन शब्दों से मेरी रूह को,
यु मोहब्बत सी अब हुई हैं।

शायद हर चीज़ के पीछे एक कारण होता हैं,
शायद किसी मतलब से हम मिले थे,
शायद जल्दबाज़ी की मैंने फैसला करने में,
की तुम नहीं तो कुछ नहीं हैं;
शायद जो फसा हुआ था हमारे बीच,
असल में कुछ भी नहीं हैं।

क्योकि तुम्हारे दिए दरारों में से,
युही इन दिनों एक उजाला सा दिखता हैं,
अँधेरे की पहचान काफी है अब,

तोह शायद ये भरम भी नहीं हैं।

शायद वक़्त ने मेरे घाव भर दिए,
या इस रूखे से मन को ज्यादा कुछ नहीं चाहिए;
शायद ये मेरे काश की हक़ीक़त है,
या बस घाव कुरेदने वक़्त वापस आया हैं।

18. Khauf

Kyu khauf mein ho?
Sirf saath ki hi to baat hai
aur rishte to judte toot-tey rehte hai
is mein kya kuch khaas hai?
Ki tumko kisi baat ka khauf ho?

Bichadna toh hai hi
phir kyu darna?
Likha hai kismet mein agar
hoga hi jo hona hai
Toh tumko kis baat ka khauf hai?

Suno sab log!
Baat kuch aisi hai ki -
Saare rishte ek taraf
aur mera pyaar ek taraf!

Khauf is baat ka hai ki
ye ek rishta jo seecha hai
apne dil aur khoon se
jisey pyaar se jyada pyaar kiya
usey kho na du!

Bas is baat ka khauf hai ki,

is duniya ke taur tareeko mein
kho na du usey,
jisey daayrey chor kar apna maana,
sapno ko chor kar sapna maana,
tutey dil k tukde jod kar
bepanah chaaha.

Agar duniya ki boli bolu toh -
Marna to hai hi ek din,
phir kyu jeena?
Pyaas toh phir lagegi,
to paani kyu peena?

Darr ke khauf se
jo hai hamarey pass hai
usey chor ke
khud ko bacha nahi payenge.
Toh khauf is baat ka toh nahi hi hai.

Bas,
mere chorey bina hath chhut na jaaye,
saath chhorey bina kuch phoot na jaaye,
duniya kahi hamey loot naa jaaye,
unki saason mein basi ye saasein
toot na jaaye;
Bas is baat ka khauf hai.

१८. ख़ौफ़

क्यों ख़ौफ़ में हो?
सिर्फ साथ की ही तो बात है
और रिश्ते तो जुड़ते टूटते रहते है
इस में क्या कुछ ख़ास है?
की तुमको किसी बात का ख़ौफ़ हो?

बिछड़ना तो हैं ही
फिर क्यों डरना?
लिखा है किस्मत में अगर
होगा ही जो होना है
तो तुमको किस बात का ख़ौफ़ है?

सुनो सब लोग!
बात कुछ ऐसी हैं -
सारे रिश्ते एक तरफ
और मेरा प्यार एक तरफ !

ख़ौफ़ इस बात का है की
ये एक रिश्ता जो सींचा है
अपने दिल और खून से
जिसे प्यार से ज्यादा प्यार किया
उसे खो ना दू !

बस इस बात का ख़ौफ़ है की,

इस दुनिया के तौर तरीको में
खो ना दू उसे,
जिसे दायरे छोड़ कर अपना माना,
सपनो को छोड़ कर सपना माना,
टूटे दिल के टुकड़े जोड़ कर
बेपनाह चाहा।

अगर दुनिया की बोली बोलू तो -
मरना तो है ही एक दिन,
फिर क्यों जीना?
प्यास तो फिर लगेगी,
तो पानी क्यों पीना?

डर के ख़ौफ़ से
जो हमारे पास है
उसे छोड़ के
खुद को बचा नहीं पाएंगे।
तो ख़ौफ़ इस बात का तो नहीं ही है।

बस,
मेरे छोड़े बिना हाथ छूट ना जाए,
साथ छोड़े बिना कुछ फुट ना जाए,
दुनिया कही हमे लूट ना जाए,
उसकी साँसों में बसी ये सांसें
टूट ना जाए,
बस इस बात का ख़ौफ़ है।

19. Bol nahi paatey

Jab puchtey ho "Kya soch rahi ho?"
Kya bataye ye sochtey hue
bas paheliyan suljhaatey hai hum; Aur kuch bhi
bol nahi paatey hai hum.

Jab bhi khushi hoti hai tumharey chehrey par
us pyaari si muskaan par marr jaatey hai hum;
Is qadar kho jaatey hai ki, kuch
bol nahi paatey hai hum.

Jab bhi tumhari aankhein dukhi hoti hai
hamarey chehre ko pareshan dekhkar,
tumhari galati nahi hai ye batana ho tab bhi
bol nahi paatein hai hum.

Raat ki tanhaai mein jab
lagta hai ki koi us chaand ki tarah
hamesha saath hota,
tab sochte hai kahenge
tumhe paas rehne sada;
Par jab bhi miltey hai tumse, ye
bol nahi paatey hai hum.

Jab bhi kuch zaroori batana ho,

zara sa pyaar jatana ho,
thoda aur paas aana ho, bas
bol nahi paatey hai hum.

Itni gehraai hai un aankhon mein,
dekhte hi kho jaatey hai hum, aur kuch
bol nahi paatey hai hum.

jab bhi puchtey ho
kaaran is khaamoshi ka;
lab khultey nahi bataney ko, aur bas
bol nahi paatey hai hum.

१९. बोल नहीं पातें

जब पूछते हो "क्या सोच रही हो?"
क्या बताए ये सोचते हुए
बस पहेलियाँ सुलझाते है हम; और कुछ भी
बोल नहीं पातें है हम।

जब भी ख़ुशी होती है तुम्हारे चेहरे पर
उस प्यारी सी मुस्कान पर मर जाते है हम;
इस कदर खो जाते है की, कुछ
बोल नहीं पातें है हम।

जब भी तुम्हारी आँखें दुखी होती है
हमारे चेहरे को परेशान देखकर,
तुम्हारी गलती नहीं है ये बताना हो तब भी
बोल नहीं पातें है हम।

रात की तन्हाई में जब
लगता है की कोई उस चाँद की तरह
हमेशा साथ होता,
तब सोचते है कहेंगे
तुम्हे पास रहने सदा;
पर जब भी मिलते है तुमसे, ये
बोल नहीं पातें है हम।

जब भी कुछ ज़रूरी बताना हो,

ज़रा सा प्यार जताना हो,
थोड़ा और पास आना हो,
बस बोल नहीं पातें हैं हम।

इतनी गहराई है उन आँखों में,
देखते ही खो जातें है हम, और कुछ
बोल नहीं पातें है हम।

जब भी पूछते हो
कारण इस ख़ामोशी का;
लब खुलते नहीं बताने को, और बस
बोल नहीं पातें है हम।

20. Gaaney sunna

Kuch bol gaano ke aise hote hai
sunke lagta hai jaise kisine
khud ke dil nikal ke rakh diye...

Jab bhi sunta tha unko
ek tukda sa dil ka mere
us antarey me reh jata tha;

Jo na keh saka main kisiko kabhi
puri duniya ko ek gaane se
dil ki baat bol paata tha;

Sun kar ki kisi aur ko bhi
dard hai itna
akelapan sa kam ho jata tha.

Par ab kya hua
ki tere sang gaaye bina
gehre bol un gaano ke
layheen se lagte hai;

Saath tere sunne se
dard bharey geet bhi
rangeen se lagte hai.

Sach kehte hai log saare
jab dil bhara ho pyaar se,
to purani kahaniya
mann bhul sa jaata hai.

Ab sochta hu tere hone se
acha hi ye shayad ho gaya,
tere pyar mein mera
wo gaane sunna band ho gaya.

२०. गाने सुनना

कुछ बोल गानो के ऐसे होते है
सुनके लगता है जैसे किसीने
खुद के दिल निकाल के रख दिए...

जब भी सुनता था उनको
एक टुकड़ा सा दिल का मेरे
उस अंतरे में रह जाता था;

जो ना केह सका में किसीको कभी
पूरी दुनिया को एक गाने से
दिल की बात बोल पाता था;

सुन कर की किसी और को भी
दर्द है इतना
अकेलापन सा काम हो जाता था।

पर अब क्या हुआ
की तेरे संग गाये बिना
गहरे बोल उन गानो के
लयहीन से लगते हैं;

साथ तेरे सुनने से
दर्द भरे गीत भी
रंगीन से लगते हैं।

सच कहते है लोग सारे
जब दिल भरा हो प्यार से,
तो पुरानी कहानियां
मन भूल सा जाता हैं।

अब सोचता हु तेरे होने से
अच्छा ही ये शायद हो गया,
तेरे प्यार में मेरा
वो गाने सुनना बंद हो गया।

21. Pyaar

Anjaane mein mujhse kitne katl hue pata nahi,
par har din to mujhpe bas ek hi marta hai!

Wo khud jaldi uththa hai,
taaki main der tak so saku;
Wo phir bhi late hota hai,
taaki main thodi der aur so saku.

Wo har pal hasta rehta hai,
mujhe hasaaney ke liye;
Wo der tak bhookha rehta hai,
mujhe khilaney ke liye!

Mere kai dost hai duniya mein,
par meri duniya to bas wo hai;
Mera to mujhe pata nahi,
par wo itna acha kyu hai?

Bhulakkad hai bada,
sab kuch bhool jata hai,
par choti choti si baatein hai,
jo bas wo yaad rakh pata hai!

Pata nai kaha se aaya hai,

ye jhalla sa ek ladka;
Dekho toh bhola sa chehra,
asal mein baap hai woh sabka!

Zindagi dekhi hai maine,
bohot se dewaane bhi dekhe hai;
Par jiski khushiya mujhse hai,
aisa pagal to bas ek hi hai!

Wo bacho jaisa hai,
aur badi badi baatein karta hai;
Sabki parwah hai usko,
kyuki mann ka sachcha hai.

Wo thoda filmly sa bhi hai,
Shah Rukh ka bada fan hai,
romantic toh bohot jyada hai
uske "grand gestures" ka kaafi gungaan hai.

Sabke kehne pe jaau to,
ye bas kuch din ka jaadu hai,
par ab bataye kaun un sabko,
ki ab toh yehi hai jo hai.

Piche mudke dekhu to,
badey dil tootey-todey hai,
par ab unse kuch fark nahi padta hai.

Kyuki,

Anjaane mein mujhse kitne katl hue pata nahi,
par har din to mujhpe bas ek hi marta hai;
Ek badi si muskurahat ke sath mein sabse puchti hu,
kya tumhara koi hai jo tumse itna pyar karta hai?

२१. प्यार

अनजाने में मुझसे कई कत्ल हुए पता नहीं,
पर हर दिन तो मुझपे बस एक ही मरता है!

वो खुद जल्दी उठता है,
ताकि मैं देर तक सो सकू;
वो फिर भी लेट होता है,
ताकि मैं थोड़ी देर और सो सकू।

वह हर पल हस्ता रहता है,
मुझे हसाने के लिए;
वो देर तक भूखा रहता है,
मुझे खिलाने के लिए!

मेरे कई दोस्त हैं दुनिया मैं,
पर मेरी दुनिया तो बस वो है;
मेरा तो मुझे पता नहीं,
पर वो इतना अच्छा क्यों है?

भुलक्कड़ हैं बड़ा,
सब कुछ भूल जाता है,
पर छोटी छोटी सी बातें है,
जो बस वो याद रख पाता है!

पता नहीं कहा से आया है,

ये झल्ला सा एक लड़का;
देखो तो भोला सा चेहरा,
असल में बाप है वो सबका!

ज़िन्दगी देखी है मैंने,
बहुत से दीवाने भी देखें है;
पर जिसकी खुशियाँ मुझसे है,
ऐसा पागल तो बस एक ही है!

वो बच्चों जैसा है,
और बड़ी बड़ी बाते करता है;
सबकी परवाह है उसको,
क्योकि मन का सच्चा है।

वो थोड़ा फिल्मी सा भी है,
शाह रुख का बड़ा फैन है,
रोमांटिक भी बहुत ज्यादा है,
उसके "ग्रैंड जेस्चर्स" का काफी गुणगान है।

सबके कहने पर जाऊ तो,
ये बस कुछ दिन का जादू है,
पर अब बताए कौन उन सबको,
की अब तो यही है जो है।

पीछे मूड कर देखु तो
बड़े दिल टूटे-तोड़े है
पर अब उनसे कुछ फर्क नहीं पड़ता है।

क्योंकि,
अनजाने में मुझसे कितने क़त्ल हुए पता नहीं,
पर हर दिन तो मुझपे एक ही मरता है;
एक बड़ी मुस्कुराहट के साथ मैं सबसे पूछती हूँ,
क्या तुम्हारा कोई है जो तुमसे इतना प्यार करता है?

Lover's Leftovers

Ye keh ke ki tumse pyaar hai bohot,
tumko daraaney ka koi irada nahi tha

Sach batane ka tha...ki
kaha dukh rahi hai zindagi tumhare jaane se
kaha ruk rahi hai

***

ये केह के की तुमसे प्यार है बहुत,
तुमको डराने का कोई इरादा नहीं था

सच बताने का था...कि
कहा दुःख रही है ज़िन्दगी तुम्हारे जाने से
कहा रुक रही है

Aise kaise dil dhadakta tha
tere bas zikra se
Yu aankhey bhar aati thi
teri fikra mein

Ab teri tasveer dekhne pe
dil bikhar jaata hai
Teri yaadon mein kho jaate hai
toh waqt guzar jaata hai...

***

ऐसे कैसे दिल धड़कता था
तेरे बस ज़िक्र से
यु आंखे भर आती थी
तेरी फिक्र में

अब तेरी तस्वीर देखने पे
दिल बिखर जाता है
तेरी यादों में खो जाते है
तो वक़्त गुज़र जाता है...

Sirf pehla pyaar ek baar hota hai,
is dil ko intezaar kisika har baar hota hai;
jitni baar bhi tootey ye mitti ka dil,
phir se judney pe isey poora aitbaar hota hai.

***

सिर्फ पहला प्यार एक बार होता है,
इस दिल को इंतज़ार किसीका हर बार होता है;
जितनी बार भी टूटे ये मिट्टी का दिल,
फिर से जुड़ने पर इसे पूरा ऐतबार होता है।

Kitney dino ki mehmaan hai ye feeling pata nahi,
par bharosey par phir se yakeen sa honey laga hai!

***

कितने दिनों की मेहमान हैं ये *फ़ीलिंग* पता नहीं,
पर भरोसे पर फिर से यकीन सा होने लगा हैं !

Kispar bharosa karey ye mann?
Jaankar ki kaun kya hai
lagta hai akele hi sahi hai.

Kyuki is jhuthi duniya mein sachcha koi kaha milega
aur jhuthi fitrat se toh hum kaafi waakif hi hai.

***

किसपर भरोसा करे ये मन?
जान कर की कौन क्या है
लगता है अकेले ही सही है।

क्योकि इस दुनिया में सच्चा कोई कहा मिलेगा,
और झूठी फितरत से तोह हम काफी वाकिफ़ ही है।

Jis raah par chalne ki ab maine thaani hai
ummedo ki ye ek ravani hai;
Agar saath mila toh poori zindagi hai
aur na mila toh bas baat purani hai.

***

जिस राह पर चलने की अब मैंने ठानी है
उम्मीदों की ये एक रवानी है;
अगर साथ मिला तो पूरी ज़िन्दगी है
और ना मिला तो बस बात पुरानी है।

Teri in nishchal baaton ki wajeh se
yakeen sa hone laga hai ki
pyaar mein khushiyaan bhi hai.

Kahi khud ki hi nazar na lag jaaye
khud ki hasee ko
Ye kajal shringaar toh hai hi
Tujhe rokne ki koshish bhi hai!

***

तेरी इन निश्छल बातों की वजह से
यकीन सा होने लगा है की
प्यार में खुशियां भी हैं।

कही खुद की नज़र न लग जाए
खुद की हँसी को,
ये काजल श्रृंगार तो है ही
तुझे रोकने की कोशिश भी है!

Jitni shiddat se tumhe chaha tha,
utni hi khoobsurati se har waqt ko
kagaz par utaarney ki koshish ki;

Jab kadra hi nahi tumhe hamaari,
Toh ye lamhey sahej kar kya fayda...

***

जितनी शिद्दत से तुम्हे चाहा था,
उतनी ही खूबसूरती से हर वक़्त को
कागज़ पर उतारने की कोशिश की;

जब कद्र ही नहीं तुम्हे हमारी,
तो ये लम्हे सहेज कर क्या फायदा...

Tujhse nahi
khudse khafa hai
ki tujhse juda hai!

Ehsaas is baat ka tujhe bhi hoga
saath rehna kisika aasaan nahi hai.

Par hamari haqiqat ko judaai bananey ke liye,
itni himmat ke liye,
tujhpe fida hai!

***

तुझसे नहीं
खुदसे खफा है
की तुझसे जुदा है!

एहसास इस बात का तुझे भी होगा
साथ रहना किसीका आसान नहीं है।

पर हमारी हक़ीक़त को जुदाई बनाने के लिए,
इतनी हिम्मत के लिए,
तुझपे फ़िदा हैं !

Itna darr toh pehle bhi nahi tha,
jitna ab tumhe khoney se lagta hai.

Wishwas ki koi kami nahi hai,
par aisi koi galati na ho jaaye
jisey bhulna mushkil ho
hum dono ke liye.

Darr lagta hai ki mere tumharey itne pass honey se
kahi tum door na ho jaao;
Kyuki phir se bhikharney ki himmat
ab is dil mein nahi hai.

***

इतना डर तो पहले भी नहीं था,
जितना अब तुम्हे खोने से लगता हैं।

विश्वास की कोई कमी नहीं हैं,
पर ऐसी कोई गलती ना हो जाए
जिसे भूलना मुश्किल हो
हम दोनों के लिए।

डर लगता है की मेरे तुम्हारे इतने पास होने से

कही तुम दूर ना हो जाओ;
क्योकि फिर बिखरने की हिम्मत
अब इस दिल में नहीं हैं।

Log kehte hai pyaar mein chot bohot lagti hai,
mere toh rooh ke ghaav bhar jaatey hai uski ek jhalak se.

***

लोग कहते है प्यार मे चोट बहुत लगती है,
मेरे तो रूह के घाव भर जाते है उसकी एक झलक से।

Tumhari maujoodgi ka ehsaas aisa hai
ki ab tanhaai bhi sukoon deti hai
ki jab milogey toh un aankhon se kehne ko bohot kuch
hoga
aur kehne ki zarurat nahi padegi...

***

तुम्हारी मौजूदगी का एहसास ऐसा है
की अब तन्हाई भी सुकून देती हैं
की जब मिलोगे तो उन आँखों से कहने को बहुत कुछ होगा
और कहने की ज़रूरत नहीं पड़ेगी...

Bas yu sochkar mann khush hota rehte hai
ki agar ye bholi se muskurahat sachchi hai
toh zindagi kitni khushhaal ho jayegi.

***

बस यु सोचकर मन खुश होता रहता है
की अगर ये भोली से मुस्कराहट सच्ची है
तो ज़िन्दगी कितनी खुशहाल हो जाएगी।

Yaha puri duniya toot toot kar bikhar rahi hai,
aur hum isse pareh
tumse judne ki koshish kar rahey hai.

***

यहाँ पूरी दुनिया टूट टूट कर बिखर रही है,
और हम इससे परे
तुमसे जुड़ने की कोशिश कर रहे है।

Ye jo chain ki neend tumhari maujoodgi se aayi hai,
tumhe sotey dekhne ke sukoon ke saamne kuch bhi nahi
hai.

***

ये जो चैन की नींद तुम्हारी मौजूदगी से आई है,
तुम्हे सोते देखने के सुकून के सामने कुछ भी नहीं है।

Ya to waqt nahi hai tumhe nazar bhar dekhne ke liye,
ya toh nazar bhar dekhne ko zindagi kam padegi.

***

या तो वक़्त नहीं है तुम्हे नज़र भर देखने के लिए,
या तो नज़र भर देखने को ज़िन्दगी काम पड़ेगी।

Sab kehte hai itne ek dusre ke paas na raho,
dard hoga agar aage naseeb mein dooriyaan hai;

Kya fark padta hai faasla kam ya jyada hone se,
agar dono ko hath pakad kar door tak chalna hai...

***

सब कहते है इतने एक दूसरे के पास ना रहो,
दर्द होगा अगर आगे नसीब में दूरियां है;

क्या फर्क पड़ता है फासला काम या ज्यादा होने से,
अगर दोनों को हाथ पकड़ कर दूर तक चलना है।